LE MINISTÈRE

ET

LES ÉLECTIONS.

IMPRIMERIE DE Mme JEUNEHOMME-CRÉMIÈRE,
RUE HAUTEFEUILLE, n° 20.

LE MINISTÈRE

ET

LES ÉLECTIONS

OU

QUELQUES IDÉES NOUVELLES

EN FAVEUR

DE LA LOI DES ELECTIONS,

ET

SUR LE FOND DE LA QUESTION.

Par Alexandre CRÉVEL,

Auteur du *Cri des peuples*.

Nolite tangere.

PARIS,

Chez les marchands de Nouveautés littéraires, et chez
les principaux libraires.

26 avril 1820.

LE MINISTÈRE

ET

LES ÉLECTIONS.

§ I.

Quelques idées nouvelles en faveur de la loi des élections.

En traitant des élections, je n'ai point l'intention d'examiner la loi dans son ensemble, dans ses détails. Cette tâche a été remplie avec succès par les orateurs des deux chambres, et par les écrivains qui l'ont défendue contre les attaques inconsidérées dont elle a été l'objet.

Je n'opposerai point aux arguties, aux réticences des détracteurs de cette loi, des raisonnemens que les passions ou la mauvaise foi ne manqueraient pas de qualifier de sophismes, en en reconnaissant la justesse.

Ce sont des faits avérés que je me propose de présenter en faveur de la loi des élections. Les faits sont des argumens contre lesquels viennent échouer les paradoxes, les clameurs des intérêts froissés et de l'esprit de parti.

La loi est-elle vicieuse, dangereuse? empressez-vous de la modifier, pour la rendre meilleure. Est-elle bonne? satisfait-elle les intérêts de la masse? conservez-la religieusement. *Nolite tangere.*

Comparez le danger d'innover et l'avantage d'améliorer avec les inconvéniens d'une modification quelconque improuvée d'avance par l'opinion qui réclame instamment la conservation de cette loi organique de notre constitution.

N'oubliez pas que ce n'est point au milieu des agitations, des divergences, que l'on doit modifier des lois qui suffisent aux besoins du moment. Attendez des temps plus propices, des circonstances plus favorables, pour mûrir avec calme les changemens que pourrait réclamer le bonheur public, et pour en apprécier l'urgence.

Les modifications adoptées dans le sein des dissentions civiles seront imparfaites et entachées des erreurs, des vices que les passions, les intérêts secrets, l'esprit de parti auront apportés dans la confection de la loi.

Si vous modifiez la loi, avant un an, peut-être, vous vous trouverez dans la nécessité *de modifier les modifications*, et de changer infructueusement une loi plusieurs fois changée.

On ne peut raisonnablement appliquer à la législation, le précepte du législateur du Parnasse, *vingt fois sur le métier remettez votre ouvrage*; car la législature d'aujourd'hui n'est pas celle d'hier et ne sera plus demain.

En 1818, le gouvernement défendit la loi qu'il attaque en 1820; elle était bonne, maintenant elle est mauvaise. Cependant elle est toujours textuellement la même. D'où proviennent ces inconséquences, ces variations? de ce que les ministères varient comme les législatures.

Avec des principes invariablement établis, avec une homogénéité d'opinions, l'esprit des législateurs et des gouvernemens ne changent point avec les hommes qui les composent. Notre gouvernement depuis 5 ans n'a adopté aucun système fixe ; les membres de la législature qui s'opposaient aux actes du ministère les approuvent. Ils deviendront improbateurs, si le ministère change de système pour la cinquième ou sixième fois.

La loi des élections, dit-on, est coupable, criminelle, elle envoie dans le sanctuaire législatif des régicides, des bonapartistes, des républicains (et même des royalistes constitutionnels). Je m'écarterais de mon sujet si j'examinais jusqu'à quel point est fondée cette dernière assertion.

Quelle est donc cette loi ? cet être actif qui dirige les élections ? c'est une loi *réglémentaire* ; une loi *réglémentaire* est-elle *agissante* ?

La loi *réglémentaire* des élections, complément de l'article   de la Charte, loi fondamentale, indique quelles sont les qualités requises pour être électeur, comment se formera le collège électoral, comment on procédera au mode d'élection, elle prescrit, enfin, les formalités à remplir de la part des électeurs dans l'exercice de leur magistrature temporaire.

La loi simplement *réglémentaire* peut-elle être responsable du choix électoral ? enjoint-elle aux votans de transcrire sur le bulletin le nom de tel ou tel individu professant telle ou telle opinion?

Cette loi n'est évidemment que l'instrument à l'aide duquel les électeurs agissent dans les élections. Leurs passions, leurs opinions, leur conscience, sont les moteurs de l'action dont les ricochets aboutissent à la Chambre des députés. La loi est le réflecteur de l'esprit qui anime la majorité d'un collège électoral; elle est par conséquent *passive*, le collège est seul *agissant*.

De même qu'une mauvaise loi ne peut recevoir le reproche de ses défectuosités dont le blâme retombe sur les législateurs, de même aussi une loi ne peut être passible des effets de son exécution.

Si le juge applique faussement une loi pénale, si cette fausse application compromet la propriété, la sûreté, la vie d'un citoyen, accuserez-vous la loi; accuserez-vous le législateur : non, le juge sera répréhensible.

Cette loi tant décriée par l'esprit de parti n'a-t-elle pas été l'instrument *commun* de l'élection des *ultrà-royalistes*, des ministériels et des libéraux? Une loi qui peut satisfaire tous les partis, servir tous les intérêts, représenter toutes les opinions, est excellente, à mon avis; c'est un instrument dont il suffit de se servir en temps opportun ou avec habileté pour obtenir de son exécution tous les résultats désirables. (1)

Non, non, s'écrieront les *ultrà-royalistes*, la loi est criminelle dès qu'elle produit des élections qui ne représentent point la majorité de nos opinions et les ministériels feront dans l'intérêt de leur parti cette absurde profession de foi.

Je répondrai à ces vaines clameurs : le droit d'élire les députés constitue essentiellement la plus importante des attributions de la nation.

Lorsque dans un gouvernement représentatif, où il existe un pouvoir exécutif investi de toute la puissance nécessaire à sa propre conservation, on trouve une chambre aristocratique qui, par son essence et ses élémens, est plus conservatrice des droits de la couronne que des droits nationaux, il en résulte que deux des trois sections du pouvoir légis-

______

(1) Remettez entre les mains d'un barbouilleur de bons pinceaux et de vives couleurs, il ne fera qu'une *croûte* ; direz-vous que ces pinceaux, ces couleurs ne valent absolument rien ; non, car employés par un peintre habile, ils produiront votre portrait avec une ressemblance exacte.

latif penchent du côté de la monarchie. La monarchie, disposant de la force physique militaire, de la force administrative, du trésor public, possède tous les moyens de détruire l'équilibre qui doit niveler dans la balance politique les deux pouvoirs. Cet équilibre ne se rencontre point dans un gouvernement représentatif mal institué, faussé dans tous ses rouages. La puissance populaire est donc dans notre gouvernement comme un est à trois.

Dans un tel état de choses, il est de l'intérêt du peuple de choisir des mandataires en qui il reconnaît ou croit reconnaître les qualités requises pour le représenter, et la ferme résolution de s'opposer aux empiétemens de l'autorité supérieure, naturellement portée à attenter à nos libertés.

Qu'arriverait-il si les collèges électoraux étaient composés de majorités déterminées à ne choisir pour mandataires que des *liberti-cides* enclins à étendre le pouvoir royal, déjà si colossal, au profit d'un parti qui dans tous les temps fut *l'enfant gâté de la monarchie*, de cette marâtre qui jadis sacrifiait aux aînés les biens, les droits, la légitime des puînés; ces mandataires agiraient en sens contraire de l'objet de leur institution; au lieu de resserrer la puissance dans ses limites légales, au lieu de résister à ses entreprises ultrà légales, ils s'empresseraient de les favoriser.

Qu'arriverait-il si la majorité des collèges électoraux n'élisait que des sourds, des muets, des aveugles, des complaisans, des députés de droit et non des députés de fait, résolus à se taire quand il faudrait parler, à parler quand leur silence serait utile à la chose publique, à ne rien voir quand il faudrait ouvrir les yeux sur les écarts des agens du pouvoir, à adopter aveuglément sans modifications tous les projets légaux ou illégaux, à approuver sans examen toutes les mesures dangereuses ? Il arriverait que l'équilibre étant détruit, le pouvoir accroîtrait ses forces de la faiblesse des mandataires du peuple, il empiéterait sur les libertés publiques consacrées par le pacte social ; ce pacte serait bientôt rompu. Les opérations de la monarchie impériale nous en offrent un exemple récent.

Cette loi qui peut satisfaire tous les *goûts* n'a-t-elle pas été l'instrument de quelques élections ministérielles en 1818 et de deux élections ultrà-royalistes en 1819.

Ne dites pas que la loi est coupable; soyéz sincères, et avouez que ses derniers résultats ayant trompé votre attente, vous appelez de vos vœux de nouveaux résultats favorables à votre cause.

Ce n'est donc pas la loi qui déplaît au ministère, aux ultrà, mais les élections dont elle a été l'instrument; si cet instrument était manié par d'autres mains, le ministère et les ultrà tiendraient un autre langage.

Supposez que les élections de 1819 aient renforcé le côté droit de 40 à 50 partisans; supposez qu'un député du côté gauche ait déposé au commencement de la session sur le bureau une proposition tendante à supplier le roi de présenter un projet de loi plus populaire; n'est-il pas incontestable que le côté droit aurait rejeté à l'unanimité cette proposition en déclarant *excellente* la loi des élections, cette loi qui n'a subi aucune modification depuis sa promulgation, cette loi dont les ultrà sont aujourd'hui les ennemis les plus acharnés.

Une majorité libérale élira dans un collège électoral des libéraux. Une majorité ultrà produira des ultrà, une majorité ministérielle nommera des ministériels. Si le résultat de la loi des élections fut plus libéral en 1819 qu'en 1817, il faut en conclure que l'esprit public des colléges électoraux s'est *libéralisé*; mais gardez-vous d'accuser la loi.

Il est donc absurde d'adresser à la loi des élections des reproches qui, s'ils étaient fondés, ne seraient encourus que par les électeurs. Ah! de grâce! MM. les sophistes, ne réparez pas l'instrument des élections, ne brisez pas le miroir qui réfléchit les opinions des électeurs; mais, essayez de convertir les électeurs, conservez la loi, changez l'esprit public des colléges électoraux, si cela doit être, si cela est possible: voilà *le fond de la question*.

§ II.

Le fond de la question.

J'ai dit qu'il serait inutile de modifier la loi des élections qui peut satisfaire tous les partis, tous les besoins du moment: les faits nous l'attestent.

L'organe du ministère, en présentant le dernier projet de loi en remplacement du pénultième projet retiré, a déclaré « que le

« mode que la loi du 5 février 1817 a mis en
« vigueur, a paru défectueux, sous quelques
« rapports, et réclame des changemens qui,
« *sans rien ôter à la liberté des élections*, la
« garantiront, au contraire, par des combi-
« naisons variées et propres à laisser moins
« de prise à l'influence des partis. »

Le but que se propose le ministère, est-il
bien réel ? n'a-t il point l'intention *secrète* de
substituer sa *propre influence* à l'influence des
partis !

« On s'est aperçu, a-t-il ajouté, que des
« électeurs en grand nombre négligent d'user
« de leurs droits, que plus d'un tiers est de-
« meuré indifférent aux dernières élections.
« On a lieu de croire que la convocation
« dans un seul lieu de département, souvent
« éloigné de leur domicile, en a détourné
« de s'y rendre. »

En proposant de réunir les électeurs dans
le chef-lieu de chaque arrondissement, de
diminuer par la subdivision le nombre des
électeurs de chaque collége, le ministère
n'aurait-il point la pensée de se ménager les
moyens d'exercer plus facilement *sur le petit
nombre* cette influence immorale, illégale

qu'ont exercée avec plus ou moins de succès sur les colléges départementaux, les ministères de 1816, 1817, 1818, 1819. Cette proposition est en rapport parfait avec cette maxime que le gouvernement paraît avoir adoptée, *diviser pour régner*, maxime qui ne sera jamais celle des sages et des véritables hommes d'état.

Si la loi du 5 février 1817 livre aux partis des moyens d'influence (ce qui n'est pas prouvé), l'adoption des articles additionnels *laissera-t-elle moins de prise à l'influence du parti ministériel ?* or l'influence du gouvernement est ultra légale. Au gouvernement n'appartient point le droit d'influencer les élections. Les députés ne sont point les mandataires des mandataires de la puissance souveraine. L'influence des constituans est naturelle, l'influence du ministère est criminelle, puisqu'elle porte atteinte aux droits de la nation ; *elle ôte quelque chose à la liberté des élections.*

Il est reconnu comme fait incontestable que le résultat des dernières élections a contrarié les vues du gouvernement qui, voulant obtenir une majorité dévouée, dans la chambre élective, redoute l'apparition d'un nouveau cinquième, composé des élémens de 1819.

Ne doutons pas que la présentation des *articles additionnels* ne tende qu'à servir les projets du gouvernement. Le ministère veut renforcer les colléges électoraux d'arrondissement en faisant un appel tacite aux électeurs insouciaient qui dédaignent de se rendre au collége central. Il faut donc déduire de ces déclarations cette conséquence, que les *insouciaient*, les électeurs *arriérés* sont des ministériels, des ultra-royalistes, en un mot des hommes disposés à suivre la pente douce du pouvoir. Cette question mérite de fixer sérieusement notre attention ; elle nous paraît facile à résoudre et je prouverai que le ministère se trompe.

L'organe du ministère a remarqué que la distance qui sépare le domicile des électeurs du chef-lieu de département éloigne les insouciaient ; mais, *que les hommes de parti bravent et surmontent cette difficulté ; que beaucoup de ceux qui sont sans passions, cèdent à une sorte d'indolence trop commune aux personnes modérées et préférent le repos à un devoir dont ils ne sentent pas assez l'importance.*

2

À ce portrait des hommes modérés, des électeurs insoucians, je ne puis reconnaître les ultrà et les ministériels. Je ne doute pas que les ultrà qui s'entendent si bien pour soutenir ce qu'ils nomment *la bonne cause*, qui n'est aux yeux des hommes sensés que le royalisme constitutionnel et non pas l'ultrà-royalisme, ne se soient empressés de seconder par leur présence un parti très-mineur qui ne peut obtenir quelque consistance numérique dans les collèges électoraux, ou dans les assemblées délibérantes, que par sa réunion *circonstancielle* avec les ministériels, union bizarre composée de parties hétérogènes, et de courte durée.

Je ne puis croire que ces électeurs *arriérés* soient des ministériels ; car le parti ministériel n'est formé, en grande majorité, que de fonctionnaires publics ou de *prétendans* qui craindraient, en s'abstenant de voter, que l'autorité supérieure ne doutât de leur zèle et de leur dévouement.

Ainsi dans le nombre des électeurs *arriérés* point de ministériels et très-peu d'ultrà. Quels sont ces hommes *modérés* que le gouvernement voudrait attirer dans les collèges d'arrondissement, qu'il semble appeler à son secours pour écarter de la candidature ceux que l'on désigne vaguement sous le nom de *libéraux*, ce sont évidemment des bonapartistes *modérés*, des républicains *modérés* ou des royalistes constitutionnels.

Si les électeurs sont des hommes modérés, ils font partie de la saine majorité de la nation. S'ils sont royalistes constitutionnels, ils veulent la royauté et la jouissance d'une liberté réglée par les lois ; si ces *insoucians* professent cette maxime qui fait chaque jour des prosélytes, *j'aimerai le gouvernement qui me rendra heureux*, ils n'éliront pas des ministériels, des liberticides : point de bonheur sous le régime arbitraire, sous le régime absolu. Leur vote sera donc favorable aux candidats libéraux, aux amis d'une sage liberté ; mais les hommes les plus modérés commencent à se lasser des abus de pouvoir, des dénis de justice, de la violation des lois, de la permanence de l'abus et des atteintes portées à la charte. Ils n'ignorent pas que ces mesures sapent le trône dans sa base et produisent un mécontentement général dont l'explosion causerait de grands malheurs. Ils redoutent l'exécution de tout systême qui tendrait à nous ramener pas à pas vers l'ancien régime repoussé par la grande majorité ; ils éprouvent, il est vrai, de l'aversion pour la licence populaire, mais ils détestent la licence du pouvoir. En admettant que par leur présence ils contribuassent à faire écarter des candidats connus par un bonapartisme ou un républicanisme trop prononcé, ils porteront leurs suffrages sur des libéraux modérés dont ils apprécieront l'indépendance et qui ne prêteront aucun secours au pouvoir tant qu'il ne donnera aucune garantie de ses intentions et qu'il ne marchera pas franchement dans la voie constitutionnelle. Ils trouveront dans le passé un avertissement pour l'avenir.

Si vous croyez que tous les élus soient les ennemis de la royauté constitutionnelle et qu'un grand nombre d'entre eux n'ait pas recueilli, pour obtenir une majorité, les votes des hommes modérés dans les dernières élections, détrompez-vous. Pensez-vous que le choix d'un homme modéré serait douteux, s'il avait à choisir entre un liberticide ou un complaisant et un libéral même exagéré ? non. Il ne voterait pas aujourd'hui pour ceux qu'il aurait élus il y a deux ans. Les temps ne sont plus les mêmes, le gouvernement a changé de système, les gouvernés ont changé d'opinions. Si les gouvernemens cessent de protéger les peuples, il est permis aux peuples de modérer leur dévouement.

Ne sait-on pas que des électeurs qui, en 1816 et 1817, avaient déféré leur suffrage à des ultra, à des ministériels, non moins modérés en 1818 et 1819, ont voté pour des libéraux ; le flambeau de l'expérience les avait éclairés.

L'esprit public des collèges électoraux a fait chaque année de sensibles progrès. Les élections ont été en 1818 plus libérales que celles de 1817, et plus libérales encore en 1819 qu'en 1818.

Les fautes, les écarts du gouvernement, les oscillations, les pas rétrogrades, la marche incertaine, les systèmes incompréhensibles du ministère ont mécontenté les hommes les plus modérés ; attendez-vous en 1820 à voir des élections plus libérales que celles de 1819, même dans les collèges d'arrondissement. Vous pourrez modifier, détruire la loi des élections, la remplacer par une autre loi, vous ne détruirez pas la force morale des élections et la puissance colossale de l'opinion.

§ III.

Des voies et moyens électoraux.

Mes argumens ne paraîtront pas concluans à ceux même qui en reconnaîtraient la justesse, et surtout aux francs ministériels initiés dans les secrets des réticences et des arrière-pensées. S'ils osaient dévoiler un mystère qui n'en est plus un pour l'observateur, ils nous diraient : « Nous avouons « que la loi est bonne, qu'elle peut servir « tous les partis; en proposant de la mo- « difier, nous voulons obtenir de nouveaux « résultats, ces modifications nous four- « niront les voies et moyens pour *manipu- « ler la matière électorale*, en opérant sa « fusion dans le creuset ministériel. Elle « prendra dans notre moule toutes les for- « mes qu'il nous plaira lui donner. Sous le « voile de l'intérêt public, nous couvrirons « des intérêts de coterie, des intérêts de « parti. »

On le sait, ces grands moyens ont été employés en 1816, 1817, 1818, 1819, tantôt contre les ultra, tantôt contre les libéraux. Tous les hommes raisonnables en ont gémi,

tous ceux pour lesquels les mots probité ,
morale , vertu , ne sont point vides de sens
en ont frémi d'indignation.

Vous le connaissez ce grand moyen que
le ministère a eu la hardiesse (pour ne rien
dire de plus) d'employer à la face de la
grande nation française , pendant quatre
années consécutives , c'est le système immo-
ral , l'infâme système de corruption !.... S'il
est permis de deviner les conséquens d'après
les antécédans , c'est sur ce système que le
ministère fonde ses espérances !.....

Le ministère nous dit encore : « Si donc
« il y a un collège par arrondissement , il
« est probable qu'un plus grand nombre
« d'électeurs s'y rendra , et , que par con-
« séquent les élections exprimeront mieux
« le vœu public , ce vœu sera *plus libre* ,
« *plus éclairé.* »

Dans le collège central , les électeurs sont
libres de donner ou de refuser leurs suffrages
aux candidats désignés. Quelles lumières
recevront-ils dans les collèges d'arrondisse-
sement ? Qui sera chargé de les éclairer ?
Les maires et adjoints , les juges de paix , les
percepteurs avec lesquels ils se trouveront
en contact. Les électeurs seront-ils plus

libres ?.... Leur vote sera-t-il mieux dirigé ? Le vœu public *sera-t-il mieux exprimé ?....*

Mais on prétend que « chaque électeur au « milieu de ses *voisins* (1) conservera mieux « son indépendance et sera à l'abri des *in-* « *fluences étrangères.* »

Je ne reconnais pour *influences étrangères* que celles du ministère ; pour électeurs *dé-pendans* que les fonctionnaires publics.

On nous dit enfin qu'avec les modifications proposées, « on obtiendra des élections où « l'influence et les droits de toutes les pro- « priétés pourront être exercés avec plus « de sûreté et de garanties *contre les intri-* « *gues* des partis qu'on ne peut tout-à-fait « déjouer, mais auxquelles il est sage d'op- « poser quelques obstacles. »

S'il est sage d'opposer quelques obstacles aux intrigues des partis, il serait plus sage encore de préserver les élections de l'in-fluence et des *intrigues* de l'autorité. Le pro-jet de loi ne renferme aucun article *qui*

---

(1) Son percepteur, qui le menacera d'une poursuite, son propriétaire (s'il est fermier ou locataire), son maire ou l'adjoint, dont il craindra les ressentimens ; voilà quels seront ses nouveaux voisins.

exprime cette intention, qui offre cette garantie, c'est *un vice radical*.

On se plaint des intrigues, des subjections ; quels conseils les électeurs doivent-ils écouter ? Suivront-ils les conseils de ceux de leurs collègues qui partagent leurs opinions, ou les avis des agens d'une autorité qui violerait les lois en intervenant directement ou indirectement dans les élections ? N'est-ce pas cette funeste et illégale intervention qui, *in principio*, a ranimé les animosités.

Le ministère a *intrigué* pour obtenir l'élection de ses candidats dont les lois lui interdisent la présentation. Il a essayé d'écarter les deux partis qui lui portaient ombrage ou entravaient son système électoral incompatible avec l'essence de la loi. Alors les partis joués par le ministère ont *intrigué* pour déjouer les *intrigués* du ministère.

Les partis ont trouvé dans le ministère, non un conseil officieux, un *éclaireur*, mais un *adversaire* étranger sur la terre patrimoniale des électeurs, d'autant plus dangereux, qu'il était armé de tous les instrumens de corruption si propres à émouvoir ou à intimider les hommes sans énergie. Les dîners, l'or, les offres de places, les menaces de destitution , les récompenses , les punitions sont pour certaines gens des argumens *entraînans*, des moyens puissans de persuasion , de soumission. Mais ce n'est pas avec de tels auxiliaires renforcés par des articles additonnels, que l'on rétablira l'indépendance légale des électeurs, et que l'on garantira les partis des *influences étrangères*. Chaque année, les forces électorales deviennent plus terribles, les influences étrangères produisent le même effet que les moyens extrêmes ; elles exaspèrent les esprits.

Si le ministère revient à des principes de loyauté, méconnus par ses prédécesseurs, les élections seront libres. Les électeurs jouiront de la faculté de choisir librement des députés dans le nombre des candidats désignés d'avance, et de prendre tous les renseignemens capables d'éclairer ou de déterminer leur décision, selon leur conscience ou leurs opinions. Alors il serait inutile de modifier la loi pour obtenir des avantages qui résulteraient de sa libre exécution , dans son état actuel.

Chez un peuple libre les élections doivent être libres. On doit se résigner à subir leurs conséquences. Si les résultats des élections déplaisent au gouvernement, il faudra qu'il devienne violateur des lois et corrupteur, pour paralyser les élections. Mais en agissant hostilement, au lieu de remédier au mal, il l'aggravera; au lieu de calmer les exaspérations que sa maladresse et son inexpérience ont fomentées, développées, il sera le premier moteur d'une catastrophe : qui emploie les moyens, doit s'attendre à la fin. Point d'effets sans cause, point de cause sans effets. Si les élections sont aujourd'hui plus redoutables pour le gouvernement qu'elles ne l'étaient en 1817, c'est un effet, qu'il remonte à la cause. La cause n'est pas dans la loi; *conservez la loi*. Ne réparez pas des fautes par de nouvelles fautes. Soyez conséquens; et n'enseignez pas aux peuples la violation des lois, la désobéissance et la rébellion; édifiez et ne démolissez pas; convertissez, ne corrompez pas; moralisez, mais ne démoralisez pas......

§ IV.

Des causes et des effets.

L'illustre et vertueux Malesherbe disait à Louis XVI : « Les changemens dans les mœurs « amènent des changemens dans les institu-

« tions... Une ancienne monarchie a tou-
« jours subi des révolutions de bien des genres,
« surtout quand elle a été fondée dans des
« siècles d'ignorance, et qu'elle a subsisté jus-
« qu'au siècle le plus éclairé. Si l'on considère
« sous cet aspect, l'histoire de notre nation,
« on verra que les progrès des lumières ont
« mis une différence infinie entre les mœurs
« et les lois des différens âges.

« Ce moment est arrivé, vos sujets en
« éprouvent les effets dans la justice réglée,
« depuis que l'usage est établi d'instruire le
« public par des mémoires imprimés, et V. M.
« pourrait faire jouir du même privilége et
« du même avantage ceux qui se plaignent
« de l'administration ».

L'usage le plus utile, le plus légitime que
l'on puisse faire du droit de publier sa pensée
et ses opinions, consiste dans l'examen des
actes de l'autorité, dans la critique sévère des
systèmes pernicieux suivis par les gouver-
nans dont les écarts, les inconséquences met-
tent souvent le trône en péril, et la patrie en
danger.

Les progrès des lumières réclamaient à la
fin du dix-huitième siècle un changement,
une amélioration dans les institutions go-

thiques de notre vieille monarchie. La cour qui gouvernait alors méconnut l'ascendant de l'opinion et brava sa puissance. La force impulsive du temps enfanta une révolution salutaire dans le principe ; les nouveaux intérêts furent froissés, on abusa des préceptes de la philosophie ; les passions trop long-temps comprimées brisèrent la digue qui les retenait ; on ne sut rien faire à propos ; aux nouveaux besoins on opposa des résistances ; les haines s'exaltèrent, et l'anarchie, levant l'étendard de la révolte, creusa le tombeau de la monarchie privée de son point d'appui. La dynastie de Hugues Capet, les arrière-petits-fils de St. Louis furent exilés sur une terre étrangère.

Les Tarquins à Rome, les Stuarts en Angleterre avaient éprouvé ce funeste sort : les mêmes causes produisent les mêmes effets.

Après l'expulsion des Tarquins, des Stuarts, des Bourbons, s'éleva sur les débris de la monarchie le gouvernement républicain.

« C'est, selon l'abbé de Condillac, parce qu'on dédaigne par paresse, par indifférence, ou par présomption, de profiter de l'expérience des siècles passés, que chaque siècle ramène le spectacle des mêmes erreurs, des mêmes calamités. De là ces vicissitudes, ces révolutions capricieuses et éternelles auxquelles les états *semblent être condamnés* Nous faisons ridiculement et laborieusement des expériences malheureuses, quand nous devrions profiter de celles de nos pères ».

Charles II remonta sur le trône de ses ancêtres; Jacques II lui succéda : mais, il dédaigna, par paresse, par indifférence, ou par présomption, de profiter de l'expérience de ses pères, et son siècle ramena, pour la seconde fois, le spectacle des mêmes erreurs, des mêmes calamités. Le sceptre qu'illustra le grand Alfred passa dans des mains étrangères; Jacques II perdit sa couronne.

Ouvrons les annales des peuples, compulsons les fastes de l'histoire, nous nous convaincrons que le véhicule des insurrections découle d'une même source, que le germe des révolutions dérive du même principe : ce principe a été établi par le sage Fénélon, lorsqu'il a dit dans l'un de ses écrits : « L'im-
« prudence heureuse dans ses fautes et la
« puissance montée jusqu'au dernier excès
« d'autorité absolue, sont les avant-coureurs
« du renversement des rois et des royaumes ».

Ce gouvernement puissant, cette monarchie naissante, qui naguère dictait des lois à l'Europe, a disparu de notre horizon politique, comme une ombre fugitive. On en connaît l'effet. Voulez-vous en savoir la cause? Fénélon vous l'indique : « Cette puissance « monstrueuse poussée jusqu'à un excès « trop violent ne saurait durer ; *elle n'a au-* « *cune ressource dans le cœur des peuples ;* « elle a lassé et irrité tous les corps de l'état; « elle a contraint tous les membres de ces « corps *à soupirer après un changement.* Au « premier coup qu'on lui porte l'idole se ren- « verse, se brise, et est foulée aux pieds. »

Une nouvelle génération élevée tout entière au sein des institutions constitutionnelles ne connaissait les Bourbons que par tradition: un gouvernement ombrageux, comme le sont tous les gouvernemens despotiques, en exploitant la presse à son profit, avait eu soin de laisser ignorer le lieu de leur retraite qui n'était connu que du petit nombre.

L'héritier de Louis XVI se présenta au milieu de nous. Les flatteurs s'empressèrent de lui déférer le surnom de *Louis le désiré,* moins convenable peut-être que celui de *Louis le bienvenu.*

Lassés des excès d'un gouvernement pour qui rien n'était sacré et qui ne trouvait pour sa conservation *aucune ressource dans le cœur des peuples* dont il avait usurpé les droits et détruit les libertés, la nation et tous les corps de l'état se rallièrent franchement autour du trône antique de nos rois, restauré par la présence du petit-fils de cet Henri IV dont le peuple au travers de ses agitations avait encore conservé la mémoire.

La France, délivrée des serres de l'aigle, commençait à respirer. L'illusion des conquêtes avait pu fasciner ses yeux, mais le prestige était détruit. Elle avait assez moissonné de lauriers pour sa gloire, elle prétendait à la jouissance des bienfaits de la paix, à l'ombre des rameaux de l'olivier. Elle pensait que la tige des lys ne pouvait se développer qu'implantée sur le sol de la patrie, près de l'arbre de la liberté dont la tête majestueuse s'élevant vers les nues, semblait devoir garantir le lys de la violence des aquilons.

La Charte constitutionnelle fut proclamée, et solennellement jurée. Tous les droits légitimes, tous les intérêts nouveaux étaient reconnus, consacrés. Aussitôt les craintes s'évanouirent, les haines s'apaisèrent, les vœux étaient comblés et les espérances réalisées. Il ne restait plus au gouvernement royal, d'autre tâche à remplir envers un peuple opprimé, trompé par les gouvernemens de la République et de l'Empire, que de donner par sa conduite invariable de fortes garanties de l'exécution de ses promesses.

Le ministère de cette époque ne sut point tirer parti de l'heureuse disposition de la grande majorité nationale en faveur des Bourbons. L'une des bases du nouvel édifice social fut ruinée. On mit la presse en interdit. De toutes parts on demandait l'exécution des lois fondamentales ; elles furent ouvertement violées ; on se rapela le passé, il était un avertissement pour l'avenir.

La France demandait la jouissance de la liberté légale, la conservation de ses institutions sous la monarchie légitime et constitutionnelle ; elle voulait des garanties, mais en vain. Des bruits sinistres circulèrent dans les départemens. Les agitateurs jouirent de l'impunité. Le gouvernement en était instruit. Par son silence approbateur, il semblait autoriser cette infraction faite ostensiblement à des lois fondamentales si chères à un peuple naturellement bon, aimant, et oublieux, à qui la conquête de la liberté avait coûté tant de larmes, de sang, et de sacrifices.

Cette conduite impolitique et astucieuse du gouvernement jeta dans tous les esprits une inquiétude *vague mais réelle*; le ministère n'employa aucun moyen de persuasion pour dissiper ces craintes. Infidèle au monarque, il dédaigna de l'éclairer. Il sacrifia les intérêts du trône, il méconnut ses devoirs envers la société. L'armée fut humiliée; quelques passions se soulevèrent; de nouveaux partis se formèrent. Le souverain de l'Ile d'Elbe profita de ces circonstances, et de l'inquiétude vague qui régnait alors : le 20 mars arriva.

Voulez-vous en connaître la cause, écoutez encore l'illustre archevêque de Cambrai : « mais pourquoi gouverner les peuples mal-« gré eux ? gouverner les peuples contre « leur volonté, c'est se rendre bien misé-« rable, pour avoir le faux honneur de les « tenir dans l'esclavage ».

Le roi, trompé par ses ministres et ses courtisans, resta dans une décevante sécurité, et ne reconnut le danger qui menaçait son diadème que vingt-quatre heures avant son départ précipité : plaignons les rois.

En ressaisissant pour la seconde fois les rênes de l'état, Louis XVIII avoua par sa proclamation de Cambray, *que son gouvernement avait fait des fautes.*

Le ministère, dépositaire du pouvoir royal, c'est-à-dire, le gouvernement représentatif responsable, commit de nouvelles fautes et de plus graves erreurs. Négligeant les leçons de l'expérience, il perdit de vue le panache de Henri IV ; au lieu de modérer, de rallier les partis, il s'égara dans le dédale dont il n'est point encore sorti. Quel aveuglement !

Des magistrats *de toutes les opinions*, coupables devant les lois civiles et politiques qu'ils avaient enfreintes, furent ouvertement loués, et protégés contre la vindicte publique. Pour consacrer leur impunité et anéantir l'effet des plaintes portées contre eux par les opprimés, on osa invoquer, sous un gouvernement légitime et monarchique, en présence de la charte, un article de la constitution du gouvernement républicain; on eut recours à la république pour secourir les agens de la monarchie. Quelle inconséquence!

On destitua des fonctionnaires qui obéissaient à la voix de leur conscience; on vanta le zèle de ceux qui la violaient. Le vice fut honoré, favorisé, et la vertu humiliée, avilie.

Exécutées contre les uns, tombées en désuétude en faveur des autres, les mêmes lois devenues élastiques au gré du pouvoir, interprétées, violées, oubliées, selon les circonstances, cessèrent d'être égales pour tous, *soit qu'elles protègent, soit qu'elles punissent.*

Les faiblesses humaines, les ambitions se trouvèrent atteintes de la contagion ministérielle qui devait tout énerver, tout corrompre par son souffle empoisonné.

L'autorité judiciaire, cette sublime institution, principale colonne de l'ordre social, dernier refuge du malheureux et de l'opprimé, devint dépendante de fait, et se trouva enveloppée dans les perfides calculs de la politique.

Quand la justice, en perdant son indépendance se soumet à l'influence des passions, la monarchie est ébranlée. C'est Louis XII qui nous en avertit ; ce père du peuple disait de la justice de son temps : *ces gens là tueront la monarchie.*

Les systèmes incohérens du ministère ont altéré sensiblement le royalisme de la nation, dénationalisé le royalisme , en interposant entre eux des brandons de discorde , en semant de justes sujets de défiance.

On accuse l'esprit révolutionnaire de la situation critique dans laquelle se trouve la France. Je ne reconnais point l'existence d'un esprit ou d'un parti révolutionnaire influent; s'il existait, il ne serait point une cause mais un effet. Je n'aperçois qu'un mécontentement général dont on trouve la cause dans la conduite inconstitutionnelle du gouvernement.

On s'effraie de l'apparition et des progrès du bonapartisme et du républicanisme, n'en accusez pas la nation. C'est dans le ministère que s'est formée la grande fabrication des bonapartistes et des républicains. Ceux-là, mécontens de la mobilité des principes du ministère, ceux-ci, ayant assisté aux funérailles de la liberté sous la monarchie de fait et la monarchie de droit, se sont créé de nouvelles illusions que ne dissiperont pas les moyens violens , mais la présence d'objets plus attrayans que l'objet de leurs premiers amours que vous ne leur ferez pas oublier en présentant à leur imagination la face hideuse de l'arbitraire. Prouvez-leur, par des faits, qu'un gouvernement légitime, sage et vraiment paternel vaut mieux qu'un gouvernement usurpateur, qu'un système républicain ; alors vous convertirez des hommes qui déjà avaient fait en 1814 un premier pas de conversion, et que vous n'avez pas su adroitement attacher au char de la royauté.

Quand les systèmes de corruption et de déloyauté sont à l'ordre du jour, lorsque la fraude et l'injustice sont proclamées, qu'arrive-t-il ? Consultez Fénélon, le sage du dix-septième siècle vous répond : « La fraude et l'inhu- « manité frappent peu à peu les plus solides « fondemens *de l'autorité légitime*, elle tombe « de son propre poids, et rien ne peut la « relever, parce qu'elle a détruit de ses pro- « pres mains les vrais soutiens de la bonne « foi et de la justice qui attirent l'amour et « la confiance. »

Sans la bonne foi, la justice ; sans le respect des lois, de tous les droits, de tous les intérêts ; sans l'amour et la confiance des peuples, les gouvernemens n'ont qu'une existence précaire.

Que doit-on craindre en se maintenant avec obstination dans une position exposée à toutes les attaques ? Interrogez Lamoignon de Malesherbes ? cette illustre victime de la fidélité, cet ami de son pays, ce sage du dix-huitième siècle vous répond : « Quand les prin- « cipes du gouvernement sont détruits, les « vertus personnelles d'un roi ne peuvent

« garantir son royaume d'une subversion
« totale. »

On nous refuse ce que nous désirons, on
nous retire ce que nous voudrions conser-
ver ; mais si le ministère veut améliorer,
qu'il nous en démontre la nécessité. Si son
temps lui permet de créer des projets d'a-
mélioration ; qu'il l'emploie plus utilement à
rédiger des projets d'édification, en proposant les lois sur la responsabilité des ministres, sur celle des agens du pouvoir, et
tant d'autres lois promises, attendues depuis
cinq ans. Il donnera les premières garanties
sans lesquelles il prétendrait vainement in-
vestir le gouvernement de l'amour et la confiance.

Le ministère sait il bien ce qu'il peut ou
ce qu'il doit faire ? Ne se commet-il plus d'a-
bus ? Est-il déterminé à les réprimer ? A-t-il
enjoint aux magistrats de respecter les lois
sous peine de destitution. Il parle de saines
doctrines ? a-t-il proscrit pour toujours l'infâme système de corruption, et renoncé aux
doctrines ministérielles, les plus pernicieuses
de toutes les doctrines ? Souffrira-t-il que le
fanatisme sous le masque hypocrite de la re-
ligion, cache une figure politique ? les élections seront - elles libres ? les lois y seront-
elles observées ? nous donnera-t-il le complément de nos institutions, objet des vœux
de la France ? révoquera-t-il en doute l'existence d'une opinion publique qui veut la
charte, toute la charte *sans exceptions* ? sa

conduite sera la réponse formelle à ces questions.

Il est au pouvoir du ministère de nous perdre ou de nous sauver, de consolider la monarchie ou de la renverser : la nation ne peut rien. Attendons, espérons.

Ministres du roi de France, vous dirigez les affaires publiques dans un temps calamiteux ; vous nous avez placés sur le volcan, une imprudence de votre part produirait l'irruption dont les laves couvriraient et le trône et la patrie. Ne vous faites point illusion sur la pesanteur du poids que vous supportez : n'est-il point au-dessus de vos forces ? je le crains pour vous, je le crains ,pour nous Songez-y bien, une énorme responsabilité pèse sur vos têtes, notre sort dépend de vous, notre malheur fruit de votre présomption livrerait vos cœurs à des remords éternels. Méditez les avis des hommes qui ne veulent ni le trouble, ni l'anarchie : éclairez-vous ; arrêtez-vous au bord du précipice. Accueillez des conseils qui ne sont suggérés ni par les passions, ni par l'esprit de parti. Réfléchissez ; il en est temps encore.

Je sais que les hommes qui haïssent la vérité haïssent ceux qui ont la hardiesse de la dire, » c'est l'immortel Fénélon qui me l'assure. Mais si vous jouissez de tous les avantages attachés à vos dignités, il faut, par compensation, vous résigner à en supporter tous les inconvéniens. Pour vous les degrés du trône ne sont pas un lit de roses. Le diadême n'orne point votre front, je n'y vois qu'une couronne d'épines.

Renoncez à l'alliance des coteries, alliance qui déconsidère les gouvernemens dans l'opinion des peuples. Si l'énergie et la vérité vous déplaisent, rentrez dans la voie du salut, occupez-vous du bonheur public, et l'on chantera vos louanges.

FIN.